MEMORANDO

MEMORANDO

Geraldo Mayrink
Fernando Moreira Salles

Companhia Das Letras

Em 1993, o jornalista Geraldo Mayrink e eu publicamos a primeira versão deste *Memorando*, inspirada na montagem teatral que Sami Frey realizou de *Je me souviens*, de Georges Perec. Estabelecemos que só entrariam lembranças de um que tivessem ressonância nas lembranças do outro, evitando assim o desgarramento da rememoração individual. Não buscamos exatidão, não havia cronologia, não tínhamos um roteiro a seguir. Seriam recordações com a brevidade dos lampejos da memória. Cacos, fragmentos, estilhaços de outrora, intactos ou imperfeitos como a memória os conservou. Passados 25 anos, retomei uma conversa imaginária (e afetuosamente rememorativa) com o Geraldo, e passamos a limpo o *Memorando* que entrego a vocês agora.

Fernando Moreira Salles
2019

Eu me lembro que a soma do quadrado dos catetos é o quadrado da hipotenusa.

”

Eu me lembro que meus professores diziam que conhecimentos como este seriam de grande utilidade pela vida afora.

”

Eu me lembro de Ivan Lessa dizendo que a cada quinze anos o Brasil esquece os quinze anos anteriores.

”

Eu me lembro que Nelson Gonçalves era gago. E me lembro também que ele gravou mais de duas mil músicas.

”

Eu me lembro que eu já soube os nomes de todas as transversais da avenida Nossa Senhora de Copacabana, da Prado Júnior à Francisco Otaviano.

Eu me lembro da mula sem cabeça.
Ela atacava as pessoas nas noites de
sextas-feiras da Quaresma, mas só pessoas
que deixavam descobertas unhas, dentes
ou qualquer parte branca, inclusive
o fundo do olho.

"

Eu me lembro da duradoura virgindade de
Doris Day, que acabou no filme *Confidências
à meia-noite*, quando ela levou Rock Hudson
para a cama e ouviu dele um pedido:
"Não me machuque".

"

Eu me lembro do *Repórter Esso* com Eron
Domingues. E que ele era a testemunha ocular
da história.

"

Eu me lembro do *Jornal de Vanguarda* com
Otto Lara Resende, Luiz Jatobá e Majestade.

Eu me lembro da Grapette, dos cigarros Lincoln, dos cigarros Elmo em caixas cinzentas, das balas de cevada nas latinhas vermelhas, dos ambulantes que vendiam frutas carameladas em caixas de vime e vidro na porta dos cinemas.

"

Eu me lembro do Cine Azteca no Catete, do Metro Copacabana, do Cine Rian, do Paissandu.

"

Eu me lembro do Garrincha explicando por que só chutava com o pé direito: "Se eu chutar com os dois eu caio".

"

Eu me lembro que nove entre dez estrelas de Hollywood usavam sabonete Lever.

"

Eu me lembro de Karl Marx, Friedrich Engels e Lênin.

Eu me lembro que o presidente Figueiredo pediu que a gente se esquecesse dele.

"

Eu me lembro que criança que brincava com fogo fazia pipi na cama.

"

Eu me lembro de Brian Epstein, o empresário dos Beatles, que morreu.

"

Eu me lembro que havia verão e inverno. Com dois intervalos entre eles.

"

Eu me lembro de Tenório Cavalcanti e sua metralhadora, a Lurdinha. Lembro que ele morava em Caxias: "O cemitério que mais cresce no país", dizia Stanislaw Ponte Preta.

Eu me lembro que, em toda parte, era proibida a entrada de pessoas estranhas. Me lembro também que sempre achei que aquilo dizia respeito a mim.

"

Eu me lembro de Flávio Cavalcanti exercendo a forma mais radical de crítica musical: quebrando discos diante das câmeras.

"

Eu me lembro também do ccc (Comando de Caça aos Comunistas), ainda mais radical, pois fazia crítica de teatro a tiros e pauladas.

"

Eu me lembro dos padres de batina, da missa rezada em latim e de que os padres brasileiros não tinham sotaque austríaco como os de hoje. Eles diziam "meus irmãos" e não "meos irmaos".

Eu me lembro que o suplemento dominical do *Jornal do Brasil* saía aos sábados.

„

Eu me lembro que as sessões de cinema eram às duas, quatro, seis, oito e dez horas.

„

Eu me lembro que os incapazes para o serviço militar não podiam ser guardas-noturnos nem bombeiros, podendo, porém, exercer atividades civis.

„

Eu me lembro de alguns gênios. Um deles se apresentou para uma plateia de apenas quatro pessoas, num cabaré de Berlim, dizendo: "Sou ator de teatro e cinema, escrevo contos, programas de rádio e televisão, dirijo filmes e peças, sou ventríloquo, ilusionista e mágico. Pena eu ser tantos e vocês tão poucos. Meu nome é Orson Welles".

Eu me lembro que o Hirondelle levava uma hora e meia para voar entre Rio e São Paulo.

"

Eu me lembro do Caravelle da Cruzeiro do Sul, a bordo tudo azul. Do Samurai, do One Eleven, do Avro. Me lembro do tempo em que voar no Electra era como voar de primeira classe.

"

Eu me lembro que Freud comia a cunhada, mas nunca explicou.

"

Eu me lembro que a Casa Mattos era a amiga número 1 dos estudantes do Brasil.

"

Eu me lembro dos Dez Mandamentos. Eram dez: Amarás a Deus sobre todas as coisas...

Eu me lembro de Fernando Gabeira.
Ele foi preso e baleado. Levado para um interrogatório na rua Barão de Mesquita, tinha um curativo do lado esquerdo da barriga.
Disse para o policial: "Tortura do lado de cá, que é mais humano".
Quase o mataram ali mesmo.

”

Eu me lembro de não levantar falso testemunho, de guardar domingos e festas de guarda…

”

Eu me lembro que nos anos 60 vários colegas meus se converteram às mais exóticas religiões. Um deles voltou da Índia em estado de meditação tão profundo que, me asseguram, ficou um ano sem falar. Outro, no entanto, falava muito, e ele disse ao senhorio… — palavra antiga essa — enfim, ao senhorio que batia à sua porta para cobrar aluguéis atrasados: "Fica calmo, burguês. Grana é coisa mágica, grana pinta".

Eu me lembro que era preciso criar um, dois, três Vietnãs. E que o imperialismo era um tigre de papel. E que era preciso endurecer... mas sem perder a ternura — "jamás".

"

Eu me lembro de 1968, da Passeata dos Cem Mil, no Rio, da guerra entre estudantes da rua Maria Antônia, em São Paulo, de Luiz Travassos, de Vladimir Palmeira. Me lembro que, anos depois, quando Travassos morreu num desastre de carro, Vladimir perguntou: "Que maldição é esta que caiu sobre nossa geração?".

"

Eu me lembro que dizíamos que a liberdade é um cachorro escorraçado de toda a parte.

"

Eu me lembro, por falar em bicho, que só Chico Buarque teve coragem de dar nome aos bois. E isso em pleno 74 da ditadura. Foi no livro *Fazenda modelo*. Mas a censura se decepcionou, porque os bois se chamavam apenas Juvenal, Lancelote, Eloína e Bidu.

Eu me lembro de não usar o Seu Santo Nome em vão...

”

Eu me lembro que temos poucas estátuas em nossas praças públicas, embora não nos faltem heróis.

”

Eu me lembro de um amigo, já falecido, que dizia temer a morte acima de todas as coisas pela possibilidade de vir a ser autopsiado pelo dr. Harry Shibata e ser declarado vivo.

”

Eu me lembro de são Jorge, o matador de dragões, herói dos cruzados. Patrono da Inglaterra e de Portugal... Não é mais santo há muitos anos. Nem são Cristóvão, o protetor dos viajantes. Aqui eles são nomes de bares, de bairros populares, empresas de ônibus, sem terem perdido a santidade.

Eu me lembro que, no mesmo dia do primeiro transplante de coração na África do Sul, uma tribo, também na África, sacrificou aos deuses o coração de um guerreiro e bebeu seu sangue. Mais espantoso do que isso foi a expressão usada pelos sociólogos para explicar esse descompasso de civilizações: "contemporaneidade do não coetâneo".

"

Eu me lembro das bolas Drible, dos tênis Bamba e Kichute e que as alpargatas Roda tinham sete vidas.

"

Eu me lembro que o urso branco da Sapataria Polar morria de calor na avenida Nossa Senhora de Copacabana.

"

Eu me lembro que as primeiras camisas sintéticas foram chamadas de Volta ao Mundo e que eram perigosamente inflamáveis.

Eu me lembro que "O mundo gira e a Lusitana roda".

"

Eu me lembro das balas de cevada Sönksen que ninguém conseguia pronunciar.

"

Eu me lembro que quem "Não se comunica, se trumbica". Me lembro também de "Vocês querem bacalhau?".

"

Eu me lembro do *Encontro marcado* de Fernando Sabino e do divertido "Homem nu" trancado fora de casa. A editora dele e do Rubem Braga se chamava Sabiá.

"

Eu me lembro de Murilo Rubião, que inventou o tal realismo fantástico com seu notável "O pirotécnico Zacarias".

Eu me lembro que Jânio Quadros surgiu na cena política com o jingle: "Varre, varre, vassourinha". Me lembro que ele gostava de vinho do Porto. Pela manhã. E também de que ele não disse "Fi-lo porque qui-lo". Tinha sido professor de português, e o correto teria sido "Fi-lo porque o quis". Corrija-se a história.

"

Eu me lembro de "forças ocultas".

"

Eu me lembro que o rato roeu a roupa do rei de Roma.

"

Eu me lembro que nunca consegui falar na língua do pê.

"

Eu me lembro dos carrinhos amarelos da Kibon. Me lembro do cachorro-quente da Genial de madrugada e do sanduíche do

Cervantes. Me lembro que dois chopes curavam qualquer ressaca.

''

Eu me lembro que meus amigos diziam ter primas bonitas que viriam do interior passar as férias. E que nunca conheci nenhuma delas.

''

Eu me lembro que só alguns meninos eram autorizados a entrar no mar quando o posto de salva-vidas trazia duas bandeiras vermelhas. E que eu sonhava com aquela distinção.

''

Eu me lembro que nos filmes de Hollywood os músicos brasileiros usavam mangas bufantes e tocavam maracas.

''

Eu me lembro do Mobral que queria erradicar o analfabetismo numa notável mobilização nacional.

Eu me lembro de uma meia dúzia de reformas ortográficas. Todas de grande pertinência.

"

Eu me lembro de a, ante, após, até, com, contra, de, desde, para, per, perante, por, sem, sob, sobre, trás.

"

Eu me lembro de Bicho Papão, que a Cuca vem pegar e do Boi da Cara Preta que leva esse menino que tem medo de careta.

"

Eu me lembro de "Nana neném. Nana"...

"

Eu me lembro da estranheza genética dos contos de Andersen e que o Patinho Feio era um cisne nascido de uma pata.

Eu me lembro que Peter Pan não dava bola para as meninas.

”

Eu me lembro que a cada capítulo de *Guerra e paz* eu percebia ter esquecido o nome de algum personagem.

”

Eu me lembro que imaginava o rosto de personagens de romance. Até hoje reconheceria D'Artagnan, Athos, Porthos e Aramis.

”

Eu me lembro que meu pai dizia que eu inventava citações para parecer erudito.

”

Eu me lembro que havia um canal que mantinha sempre oxigenadas e salubres as águas da lagoa Rodrigo de Freitas.

Eu me lembro que se tomava banho de mar
na ilha de Paquetá.

"

Eu me lembro que se estacionava à noite
no Arpoador para namorar. Chamávamos isso
de Corrida de Submarinos.

"

Eu me lembro que Aristóteles foi o tutor
de Alexandre da Macedônia.

"

Eu me lembro que Educação é tudo.

"

Eu me lembro de Raul Seixas cantando: "Faz o
que tu queres/ que é tudo da lei". Os militares
e os bem-pensantes não gostaram.

"

Eu me lembro de "Tudo te darei/ se me pedes/
tudo/ menos a chave do mar".

Eu me lembro de Paulo Mendes Campos. Ele disse: "Não entendo a poesia/ a poesia é que me entende".

"

Eu me lembro do que disse Neruda quando García Lorca foi assassinado: "*Si la muerte és la muerte/ qué será de los poetas?*".

"

Eu me lembro de quando não era piegas gostar de *O velho e o mar* de Hemingway; do "F" de Kipling; do *Pequeno Príncipe* de Saint-Exupéry.

"

Eu me lembro de Jorge de Lima e de seu notável *A invenção de Orfeu*. Também não era elegante.

"

Eu me lembro que o maior talento da *Latinoamérica*, Jorge Luis Borges, disse a um amigo que ele devia sua popularidade a uma

agência que cuidava de sua imagem. Esse
amigo nunca soube o que ele quis dizer
com isso.

"

Eu me lembro de Lawrence Durrell: "Tudo
depende do que ouvimos no silêncio que
nos cerca".

"

Eu me lembro que "O silêncio é a
única verdade".

"

Eu me lembro que havia gatunos, larápios,
mãos-leves e salafrários de toda espécie, mas
que ainda não tinham inventado os aloprados.

"

Eu me lembro que o talento maledicente do
poeta Gregório de Matos valeu-lhe o apelido
de Boca do Inferno.

Eu me lembro da primeira linha de *Moby Dick*. "Chamem-me Ishmael". Livro afora, ninguém mais dirá o seu nome.

"

Eu me lembro que nos sete volumes de *Em busca do tempo perdido* o narrador é chamado pelo nome apenas uma vez. No quinto livro.

"

Eu me lembro que "Tudo que sou/ não é mais".

"

Eu me lembro que "És o que te sonha".

"

Eu me lembro que meus professores ensinavam que a ordem dos fatores não altera o produto. Vai ver que é só na matemática.

Eu me lembro que as lotações não tinham ponto e paravam em qualquer lugar, às vezes no meio da rua.

"

Eu me lembro de um jornalista que afirmava que todos aqueles que usam o gerúndio são seres alienígenas disfarçados de terráqueos que pretendem dominar o planeta.

"

Eu me lembro que nos anos 50 o poeta Vinicius de Moraes fazia crítica de cinema.

"

Eu me lembro do colunista Ibrahim Sued. Ele se despedia de seus leitores com "Os cães ladram e a caravana passa".

"

Eu me lembro do bigodinho sarcástico do Amigo da Onça, criação imortal de Péricles.

Eu me lembro que dois livros disputaram o prêmio Goncourt de 1913: *À sombra das meninas em flor*, de Proust, e *Cruz de pau*, de Roland Derglès. Deu Proust, por pouco.

"

Eu me lembro que perguntaram a Proust como escolheria morrer. Ele respondeu: "Melhor e amado".

"

Eu me lembro que ninguém, jamais, chamou o general Charles de Gaulle pelo primeiro nome. André Malraux disse: *"Il n'y a pas de Charles"*. Charles não existe.

"

Eu me lembro que o marketing do regime militar foi protagonizado pelo general Emílio Garrastazu Médici e seu radinho de pilha para ouvir futebol.

Eu me lembro que eu inventava preces.

"

Eu me lembro de um ditado: "Água mole em pedra dura...". Para que fique claro.

"

Eu me lembro que não se deve tentar ensinar o *pasodoble* ao cavalo amarelo do Brancaleone.

"

Eu me lembro que Antônio Maria foi confundido com Carlos Heitor Cony por uma linda fã. Maria resolveu não contrariá-la e assumiu, sem relutar, seu novo personagem. Dias depois encontrou Cony e descreveu o que ocorrera com grande detalhe. Cony, sôfrego, interrompeu: "E aí, Maria?". Maria respondeu: "Ai, Cony... você brochou".

"

Eu me lembro que o general João Batista Figueiredo precisou operar o coração pela segunda vez. O jornalista Jânio de Freitas deu a notícia e foi prontamente desmentido por depoimentos médicos, familiares e de autoridades. Figueiredo, de fato, operou-se pela segunda vez em Cleveland. Jânio de Freitas escreveu: "Ao general Figueiredo, pronta recuperação. Aos outros, também".

"

Eu me lembro que nunca ouvi o tal canto do cisne.

"

Eu me lembro que "Esta gravação se autodestruirá em três segundos".

"

Eu me lembro de um fado de Amália Rodrigues: "Gostava de ser quem era".

"

Eu me lembro de um personagem de Jorge Luis Borges em "Labirintos" que não conseguia esquecer.

Eu me lembro que Nietzsche disse que só
o esquecimento nos liberta do passado.

„

Eu não me lembro de quem disse que museus,
arquivos e cemitérios são exercícios de
nostalgia, ilusões de eternidade.

„

Eu me lembro que a história é relativa e que
a memória é absoluta.

„

Eu me lembro de um livro chamado
Palimpsestos urbanos e a política da memória.

„

Eu me lembro de assim é se lhe parece.

„

Eu me lembro do corredor Emil Zatopek,
"A Locomotiva de Praga".

Eu me lembro de Luizinho Eça tocando no Beco das Garrafas. Eu me lembro que ele tinha dor nas costas.

”

Eu me lembro do Zimbo Trio, do Trio Iraquitã, do Quarteto em Cy, dos Four Aces, do Trio Los Panchos, dos Quatro Ases e Um Coringa, do Tamba Trio, dos Cariocas, do MPB-4...

”

Eu me lembro de Vinicius de Moraes dizendo que São Paulo era o túmulo do samba.

”

Eu me lembro de Glauber Rocha dizendo que o Rio de Janeiro não passava de um porto velho decadente e carcomido soçobrando num mar de merda.

”

Eu me lembro, mais ou menos, do cinema underground brasileiro, aqui chamado udigrúdi. Rogério Sganzerla, Júlio Bressane,

Neville d'Almeida. Me lembro, na verdade, das entrevistas que eles davam, mas dos filmes nem um pouco. Rogério, por exemplo, dizia que o seu *Bandido da Luz Vermelha* era um filme paleolítico e atonal.
Bom... Antônio Lima confessou que até ficou feliz quando a censura cortou três ou quatro minutos de um dos episódios de seu filme *As libertinas*. "Se cortassem mais, poderiam acabar por transformá-lo num filme de arte." Foi o que ele disse.

"

Eu me lembro dos olhos verdes de Chico Buarque boiando como dois ovos numa posta de fígado cru.

"

Eu me lembro de uma ameaça. E de uma voz: "Ou você está pensando que eu sou mentiroso?... Imagine só a ideia que o povo faria se eu dissesse que vou pensar melhor. Absolutamente. É para abrir mesmo e quem quiser que eu não abra, eu prendo e arrebento".

Eu me lembro que passarinho que come pedra sabe o cu que tem.

"

Eu me lembro de:
"Meu Brasil...
Que sonha com a volta do irmão do Henfil...
Com tanta gente que partiu
Num rabo de foguete...".

"

Eu me lembro de uns versos: "Quando os teus olhos fecharem/ Para o esplendor desse mundo/ Hei de ficar de joelhos:/ Quando os teus olhos fecharem/ Hão de murchar as espigas/ Hão de cegar os espelhos".

"

Eu me lembro que, quando a mente está perdida no mar, uma palavra nova é como uma jangada.

"

Eu me lembro da *Pinta*, da *Niña* e da *Santa Maria*.

Eu me lembro que era quase impossível entrar acompanhado num hotel sem mostrar a certidão de casamento.

"

Eu me lembro que se namorava, à noite, na praia de Copacabana. Na praia.

"

Eu me lembro, todos os dias, que sessenta por cento da população do meu país tem menos de 21 anos de idade. E que eu não.

"

Eu me lembro, por falar nisso, de um amigo que calculava. De posse do censo do país, concluiu que sobravam 755 mil mulheres e que nem em 1 milhão de anos de vida conseguiria transar com todas elas. Excluindo-se da conta, porque, com essa fartura, não tinha namorada, calculou que cada brasileiro estava com uma mulher e um quinto. Jamais soube o que fazer com esse dado e continua solteiro.

Eu me lembro que Freud achava que as mulheres não passam de machos desprovidos de pênis. E que ele está repleto de corpos cavernosos. Justamente.

"

Eu me lembro que cresci achando que a felicidade é realizar os sonhos da infância. Deve ser por isso — dizem — que o dinheiro não traz felicidade. O dinheiro não é um sonho de infância.

"

Eu me lembro que em 1960 quase todo mundo ganhou o desfile de Carnaval do Rio. Empataram Mangueira, Portela, Salgueiro e Unidos da Capela. Era a voz do morro reagindo à bossa nova e lançando, com a ajuda dos senhores jurados, o seu próprio samba de uma nota só.

"

Eu me lembro das calças do Cantinflas. Por aqui... Me lembro também que ele vivia vestindo e despindo um paletó imaginário.

Eu me lembro dos Jazz Messengers, de Paul Desmond tocando "Take Five" no sax alto, de Duke Ellington, de Thelonious Monk...

"

Eu me lembro de *O ano passado em Marienbad*. Ou teria sido em Baden Baden?

"

Eu me lembro de um veredicto: "O filme é uma merda. Mas o diretor é genial".

"

Eu me lembro que em São Paulo se podia comprar discos com os discursos gravados de Benito Mussolini. "*Italiani sparsi nel mondo, trai monti, trai mari...*" Ressoavam do Brás à Barra Funda.

"

Eu me lembro da prisão de Adolf Eichmann em Buenos Aires. E de ele ter dito que apenas cumpria ordens.

Eu me lembro da Estrada de Ferro Leopoldina, da Companhia Paulista de Estradas de Ferro, da Rede Mineira de Viação, da Estrada de Ferro Sorocabana, da Estrada de Ferro Oeste de Minas. Me lembro também que, quando se viajava, tinha-se mesmo a impressão de partir.

"

Eu me lembro que os cigarros Que Tal eram embrulhados em papel preto adocicado.

"

Eu me lembro que quando inventaram o cinemascope o cineasta alemão Fritz Lang manifestou-se sobre a novidade: "Só se for para filmar serpentes e procissões".

"

Eu me lembro que todo mundo detestava os filmes de Cecil B. DeMille. Exceto o público.

"

Eu me lembro de que a moral era uma questão de *travelling*.

Eu me lembro que futebol se jogava com
formação dois, três, cinco, beque central,
lateral-esquerdo, center-half... etc. E que,
em geral, marcavam-se gols.

"

Eu me lembro que quando li as primeiras
frases de *Lolita*, de Vladimir Nabokov, decidi
que não tentaria escrever romances... Era
assim: "Lolita, luz de minha vida, fogo do
meu lombo. Meu pecado, minha alma.
Lo-li-ta: a ponta da língua fazendo uma viagem
de três passos pelo céu da boca,
a fim de bater de leve, no terceiro, de encontro
aos dentes. Lo-li-ta.
Era Lo, apenas Lo, pela manhã, com suas
meias curtas e seu metro e meio de altura.
Era Lola em seus *slacks*. Era Dolly na escola.
Era Dolores quando assinava o nome.
Mas, em meus braços, era sempre Lolita".
Isso porque ele era russo. E escrevia assim
em inglês.

Eu me lembro também que quando li o conto "A terceira margem do rio", de Guimarães Rosa, decidi que não mais escreveria contos.

"

Me lembro que quando vi *Quem tem medo de Virginia Woolf*, de Edward Albee, prometi não escrever peças para o teatro.

"

Me lembro que, quando ouvi "Construção", de Chico Buarque de Holanda, desisti de fazer letras de música para meus colegas roqueiros...

"

Só que mais tarde acabei lendo *Ada*, do mesmo Nabokov que escreveu *Lolita*. Assisti a uma peça que se chamava *Box* do mesmo Albee de *Virginia Woolf*. Ouvi uma música chamada "Morena de Angola", de Chico Buarque, e... fiquei sem saber... É que não consegui ler um mau conto do Guimarães Rosa. Mais tarde, quando, incauto, esqueci todas essas juras, passei a me assombrar com o velho Mario Quintana, que dizia: "Se dizem que escreves

bem, desconfia. O crime perfeito não
deixa vestígios".

"

Eu me lembro da primeira capa da revista
Veja: foice e martelo cruzados, com a chamada:
"Duelo no mundo comunista".

"

Eu me lembro que, criança, quando não
terminava minha comida, lembravam-me dos
milhões de chinesinhos que morriam de fome.
Fora a culpa, nunca entendi por que terminar
meu prato ia resolver alguma coisa.

"

Eu me lembro que, mais tarde, descobri que
os chinesinhos, logo eles, morriam de
muitas coisas, mas de fome não. E que por
aqui é que é diferente.

"

Eu me lembro que *Garota de Ipanema* foi
definida pelo crítico Moniz Viana como

"a primeira comédia sobre a angústia". Aliás, hoje em dia seria chamada "a pré-adulta de Ipanema".

"

Eu me lembro que o *travelling* era uma questão de moral.

"

Eu me lembro do tempo em que o *Jornal do Brasil* não tinha noticiário de polícia, que era considerado um assunto menor.

"

Eu me lembro do cometa Kohoutek, que passou pelo nosso céu e ninguém viu, só a imprensa.

"

Eu me lembro da suprema humilhação: Peter Lorre pergunta a Humphrey Bogart em *Casablanca*: "Você me despreza?". Bogart responde: "Eu o desprezaria, se pensasse em você".

Eu me lembro de que vale o que está escrito.

"

Eu me lembro que a praça Roosevelt, em São Paulo, era de fato uma praça. Com feira e tudo.

"

Eu me lembro das lotações Magirus com barras de apoio no encosto dos bancos, cobertas de plástico imitando madrepérola, amarelo, azul, cor-de-rosa.

"

Eu me lembro do medo que sentia, no sinal, daqueles carros com o decalque da Scuderie Lecocq.

"

Mas eu me lembro também dos carros que não me assustavam: De Soto, Studebaker, Hudson, Packard. Me lembro do Romi Isetta, o primeiro automóvel inteiramente montado no Brasil. Parecia um eletrodoméstico, uma máquina de lavar roupa.

Eu me lembro que os táxis, muitas vezes, tinham uns fru-frus de plástico atrás do banco traseiro. Verdadeiros altares, alguns iluminados com são Jorge e tudo.

"

Eu me lembro que as novelas de rádio terminavam com o então moderníssimo: "Não percam o próximo e eletrizante capítulo".

"

Eu me lembro da grande novela do rádio: *Jerônimo, o Herói do Sertão*.

"

Eu me lembro do perfil aquilino, dos oclinhos do papa Pio XII. Me lembro também de uma encíclica (decreto-lei do pedaço) que se chamava *Mater et Magistra*.

"

Eu me lembro que, pequeno e doente, eu achava que o que fazia baixar minha febre era a mão da minha mãe passando em minha testa.

Eu me lembro de Julie London cantando "Cry me a River". Me lembro dela cantando "Fever".

"

Eu me lembro de algumas omissões de socorro. Um dia, na porta do Cine Paissandu, um casal parecia hesitar diante do cartaz do filme *A guerra acabou*. Era um cartaz escrito em italiano. A mulher disse: "Não gosto de filme de guerra". O homem respondeu: "Eu não gosto de filme italiano". Foram embora e eu nada fiz por eles.

"

Eu me lembro que a moral não é mais uma questão de *travelling*, nem vice-versa.

"

Eu me lembro da coleção *O Tesouro da Juventude*, com sua capa azul. E de que, de fato, eu achava aquilo um tesouro.

Eu me lembro que o marechal Castelo Branco, ao se despedir da Presidência da República, profetizou: "Vocês ainda vão sentir saudades de mim". E me lembro que acabou tendo razão.

"

Eu me lembro dos chocolates puxa-puxa que se compravam no carrinho da Kibon. Eram Ki-Bamba e Ki-Koisa. Lembro também de um longo período de luto, em que pararam de produzir o Eski-Bon.

"

Eu me lembro do Oiapoque ao Chuí.

"

Eu me lembro de uns versos:
"Uma embriaguez me fez arauto
Sem medo ao jogo do mar alto,
Para erguer, de pé, este brinde
Solitude, recife, estrela
Não importa o que há no fim de
Um branco afã de nossa vela".

Eu me lembro de Antônio Maria, autor de alguns dos mais belos versos da nossa língua e grande brincalhão. Ele dizia: "Ninguém me ama
Ninguém me quer
Ninguém me chama
De Baudelaire...".

”

Eu me lembro também de uma frase de Goethe: "Eu te amo. Que tens com isso?".

”

E me lembro que Nelson Rodrigues nos dizia, com enlevo: "É o amor que impede o homem de trotar pela avenida Presidente Vargas, montado por um Dragão da Independência".

”

Eu me lembro da barba postiça do Capitão Furacão, que apresentava programas infantis na TV.

Eu me lembro de honrar pai e mãe,
não cobiçar as coisas alheias...

"

Eu me lembro que Jean-Paul Sartre recusou o prêmio Nobel. Também me lembro dele, já velho e absurdamente estrábico, vendendo exemplares do jornal maoísta *Rouge* à porta das Usinas Renault.

"

Eu me lembro também de ele ter dito: "O importante não é recusar prêmios. É não merecê-los".

"

Eu me lembro que, ao ler *Cem anos de solidão*, de Gabriel García Márquez, ocorreu-me que uns vinte ou trinta anos teriam sido suficientes.

"

Eu me lembro que por muitos anos fiquei perplexo diante da expressão "sem solução de continuidade". Até hoje, para ser sincero.

Tenho duas lembranças de expressão corporal: uma de Miles Davis tocando "Sketches of Spain" bem baixinho, o pistom apontado para o chão, ao longo do corpo. "Pãruã"... Era como se ele estivesse reinventando o instrumento. E outra de Jayne Mansfield, também conhecida como "O Busto", se curvando para cumprimentar a rainha Elizabeth e pondo a mão nos peitos para tampar aquele universo.

〞

Eu me lembro do primeiro filme de Antonioni a que assisti. Chamava-se *La notte*. A Monica Vitti ficava andando, andando, *camminava, camminava*... cinco, dez minutos a fio.

〞

Eu me lembro de algumas sensações desagradáveis: se enxugar com toalha molhada. Tubo de pasta de dentes sem tampa, ressecado. Quando alguém diz: "O gelo acabou". De não fumar, apertar cintos e em caso de indisposição usar o saquinho plástico à sua frente e chamar a aeromoça. De ronco de madrugada. Do tranco que é o primeiro gole no dia seguinte.

Eu me lembro do Pervitin que a gente tomava para passar a noite estudando e fazia prova ruim no dia seguinte. Do Seconal. Do San Raphael que enjoava. Do Rodouro da Rhodia, da sua embalagem dourada e do jatinho gelado que fazia tudo girar em torno de uma nuvem perfumada: tchim... inn... Me lembro do hi-fi, da cuba-libre, do gin fizz, do alexander. Me lembro do Detefon esguichado no quarto antes de dormir. Me lembro do formicida Tatu.

"

Eu me lembro que o Jeca Tatu tinha verminose, era pálido, maltrapilho, preguiçoso e roubado pelo patrão. E era um herói nacional.

"

Eu me lembro da Grindélia de Oliveira Júnior, da emulsão Scott, da pomada Minâncora, do leite de magnésia Phillips, das pílulas de vida do Dr. Ross, do regulador Xavier (vive melhor a mulher), do polvilho antisséptico Granado, do colírio Moura Brasil, do Colubiazol, do vinho reconstituinte Silva Araújo (V de vida, R de resistência, S de saúde e A de alegria), do Rhum Creosotado.

Eu me lembro dos jornais de cinema. E que o tal do Canal 100 sabia filmar futebol.

"

Eu me lembro que as 1067 páginas de *Guerra e paz* começam com uma interlocução: "Pois bem, meu príncipe, Gênova e Lucca são agora meras propriedades da família Bonaparte".

"

Eu me lembro que na Sibéria havia um campo de concentração para o qual eram enviadas as famílias dos funcionários de Josef Stálin.

"

Eu me lembro que nos tempos do comunismo ninguém, jamais, fez a autocrítica dos outros.

"

Eu me lembro da expressão "Ele corre como Pintacuda", aplicável aos que guiavam depressa. Pintacuda era um piloto italiano, inexpressivo por lá, mas que ganhou a corrida da Gávea. Subia-se a Marquês de São Vicente e as curvas tinham nomes como Trampolim do Diabo e Mergulho da Morte. Lembram da marchinha de Carnaval? "Sou mo-mo-mole/ pra fa-falar/ mas sou um pintacuda pra beijar".

"

Eu me lembro que quando li *Moby Dick* pela primeira vez achei que era a história de um homem que queria matar a grande baleia branca. Sempre se lê cedo ou tarde demais.

"

Eu me lembro de Emmanuelle Riva suspirando em *Hiroshima, mon amour*: "*Ah, que j'étais jeune un jour...*".

"

Eu me lembro que a gente pegava o boné e ia embora.

"

Eu me lembro de Carolina Maria de Jesus e de seu notável *Quarto de despejo*.

Eu me lembro de Martin Luther King, que tinha um sonho... *I have a dream...*

"

Eu me lembro da revista *Pif Paf*. Durou oito edições e desapareceu, sustentando a tese de que "todo homem tem o sagrado direito de torcer pelo Vasco na arquibancada do Flamengo".

"

Eu me lembro de Françoise Dorléac, a irmã morena de Catherine Deneuve, que morreu.

"

Eu me lembro de Chet Baker cantando "My Funny Valentine".

"

Eu me lembro que Franz Kafka escreveu uma história assim: "O leopardo invadiu o templo na hora da cerimônia sagrada. Houve pânico entre os fiéis. Voltou no dia seguinte e de novo houve pânico. Quando voltou, no terceiro dia, passou a fazer parte do culto".

Eu me lembro que em 1970 o Museu da
Imagem e do Som elegeu o general Emílio
Garrastazu Médici O Desportista do Ano.
E que naquele ano aprendi alguma coisa sobre
o caráter nacional.
Por falar em esporte e caráter,
eu me lembro que naquela mesma época
o Brasil jogou com a Tchecoslováquia.
Pelé pegou a bola na área do Brasil,
disparou pelo meio do campo —
a torcida diante da TV dizia: "Vaaaii!" —,
driblou metade do time
inimigo — a torcida gritava: "Vaaaii!" —,
foi em direção à linha de fundo, mas a tempo de
fazer um cruzamento na área tcheca — a torcida,
já de pé, vibrava: "Ahhhhhh!" —, mas a bola
passou rente ao gol e saiu pela linha de fundo.
Aí alguém gritou: "Eta nego ruim de bola!".
Quando todos se sentavam, desolados,
outro suspirou:
"É... bem que o Saldanha disse que ele está
ficando cego".

Eu me lembro que os chamados subversivos assistiam aos jogos do Brasil nos seus "aparelhos" e achavam os gols lindos mas politicamente inconvenientes.

"

Eu me lembro de mitos que clamam por sepultura; do Brasil, país do futuro. Do Carnaval, purgação e catarse. Do jeitinho brasileiro...

"

Eu me lembro que Deus é brasileiro... Você tem que levar vantagem em tudo... Mulatas fagueiras de almas faceiras... Não vai faltar pescado na Semana Santa... Todas as passagens para as capitais e o Nordeste já estão esgotadas, restando algumas para o interior.

"

Eu me lembro do incêndio do Teatro Oficina e de sua reabertura com *O rei da vela*, de Oswald de Andrade. A censura não gostou e a peça fechou.

Eu me lembro que, além de ser proibido proibir,
era preciso ser realista, exigindo o impossível.

"

Eu me lembro que havia apocalípticos
e integrados.

"

Eu me lembro que a mais-valia ia acabar,
seu Edgar.

"

Eu me lembro, sempre, de não confundir
capitão de fragata com cafetão de gravata.

"

Eu me lembro que um amigo jornalista perseguia
o professor Eugênio Gudin em busca de uma
entrevista. Finalmente, o professor vem ao
telefone e meu amigo, sequioso, desfere: "Bom
dia, dr. Gudin, queria saber se seria possível um
encontro com o senhor para trocarmos ideias...".
O dr. Gudin respondeu: "Sei, meu filho, e que
ideias você tem para me oferecer em troca?".

Eu me lembro do presidente Giovanni Gronchi. Nome de avenida por cá. Na Itália, nem mesmo um beco.

"

Eu me lembro que a rua Bulhões de Carvalho tinha o apelido de "Quase-Quase".

"

Eu me lembro que os bondes fechados eram chamados "camarões". Por causa da cor.

"

Eu me lembro de ter ouvido que a primeira novela de rádio no país foi uma adaptação de uma novela cubana de um tal Leandro Blanco. Chamava-se *Em busca da felicidade* e era patrocinada pelo creme dental Colgate. Isso em 1941. Já teria dado tempo para todos nós termos bons dentes. Em vez disso, desenvolvemos o gosto por novelas.

Eu me lembro do *Festival de besteira que assola o país*, do Stanislaw Ponte Preta. Que falta ele nos faz em momentos como este!...
Mas eu me lembro sempre de suas recomendações: "Rabo e conselho não se deve dar nem a quem pede".

”

Eu me lembro de Frankie Laine cantando "I Believe" e "My Little One". Dele cantando "Those Eyes Are the Eyes of a Woman in Love". Dele cantando as baladas de alguns faroestes que a gente nunca esquece, como *High Noon*. E de que ele tinha um narigão absurdo.

”

Eu me lembro do primeiro Júlio Verne que li: *Vinte mil léguas submarinas*. O capitão se chamava Nemo, mas esqueci o nome do marinheiro.

”

Eu me lembro que diziam que Sérgio Buarque de Holanda adorava cantar "Sassaricando". Em latim.

Eu me lembro que era permitido fumar em ônibus, lotações, táxis, trens e aviões.

"

Eu me lembro que "Sua estupidez não te deixa ver que eu te amo".

"

Eu me lembro de Nat King Cole cantando "Love Is a Many Splendored Thing". Apresentava a mais linda embalagem de cordas para alguns dos piores versos jamais feitos em qualquer língua: *"Love is nature's way of giving/ a reason to be living/ the golden crown/ that makes a man/ a king"*.

"

Eu me lembro que Telmo Martino disse que João Gilberto era o único estrangeiro nos Estados Unidos que preferiu aprender inglês com Tarzan.

Eu me lembro do delegado Sérgio Paranhos
Fleury. Ele morreu num 1º de maio, depois de cair
de um barco. Ninguém acreditou em acidente.
Diziam que torturador não podia morrer afogado
com todas as pessoas que ele afogou.

"

Eu me lembro que às vezes é melhor chamar
o ladrão.

"

Eu me lembro que em *Um corpo que cai*, de
Hitchcock, todo o mistério estava resolvido
na primeira metade do filme. E que a segunda
metade era melhor que a primeira.

"

Bom... Aí eu me lembro de uma questão: por que
há simplesmente o ente e não antes o nada? Para
saber a resposta, era preciso saber distinguir
entre *Sein* e *Dasein*. O *Sein*, o ser, era... a diferença
ontológica entre o ente e o seu ser. O *Dasein*,
a existência, era o modo de ser exclusivo e
específico do homem. Nesse sentido, só o
homem existe.

Eu me lembro que olhava a folha branca sobre
minha mesa, percebendo sua forma, sua cor.
Ela se dava ao meu olhar como existência que
apenas posso constatar e cujo ser não depende
de forma alguma do meu capricho. Elas são
"para mim" e "não são eu". Bem...

"

... Aí vem de novo a história do *Sein*
e do *Dasein*. Vamos lá:
"Esta forma inerte é o que chamamos
de uma 'coisa'. Em hipótese alguma
minha consciência seria capaz de
ser uma coisa, porque seu modo de
'ser em si' é precisamente um 'ser para si'".
Eu me lembro do desespero de compreender
estas coisas e as aulas cabuladas no
Instituto Goethe, que nos ensinava o bê-á-bá
quando a gente queria saber o significado de
coisas como *Ur-sprung* (o salto originário
de tudo); *Absprung* (salto em que se deixa
para trás — seja lá o que for); do espanto
que nos causou saber que as palavras
"história" (*Geschicthe*) e "destino" (*Geschick*)
são tão parecidas que isso poderia explicar
o caráter fatalista da história alemã.

Eu me lembro que nunca dominamos o alemão, mas o alemão nos domina. Até hoje.

"

Eu me lembro que o primeiro jornal que comprei com o meu dinheiro foi o *Correio da Manhã*. Mas só aos domingos. Achava um negocião aquele monte de cadernos pelo preço de um jornal.

"

Eu me lembro de Tancredo Neves.
Eu me lembro de uns versos:
"Quanto vale o homem?
Menos, mais que o peso?
Hoje mais que ontem?
Vale menos, velho?
Vale menos, morto?
Menos um que outro,
se o valor do homem
é medida de homem?".

"

Eu me lembro que o homem é uma paixão inútil.

Eu me lembro que Luis Fernando Verissimo dizia que o destino era um gozador.

"

Eu me lembro que na época do "milagre econômico" os comerciantes da rua Augusta forraram a calçada com um tapete, para melhor receber os compradores.

"

Eu me lembro que todos os que pisaram lá ficaram órfãos mais tarde. Tinham até um nome: "Órfãos do Milagre".

"

Eu me lembro de Jean-Paul Belmondo soltando fumaça pelas narinas, baleado nas costas, em *Acossado*. Tinha um cigarro na boca e um maço deles na cabeça. Dizia: "Entre o desespero e o nada, prefiro o nada, porque o desespero é uma forma de compromisso".

Eu me lembro que havia um livro chamado *As aventuras da dialética*.

"

Eu me lembro que o capitalismo estava historicamente condenado e que ia acabar.

"

Eu me lembro que senhoras e senhoritas pagavam metade do preço da entrada nas sessões de cinema às quartas-feiras e que estudantes pagavam metade, mesmo com identidade falsa, o ano inteiro.

"

Eu me lembro que o João Sebastião Bar era um botequim de São Paulo e que o Encouraçado Botequim era um bar de Porto Alegre. Fecharam. E acho que não chegaram a abrir o Carlos Comes e Bebes.

"

Eu me lembro da luz difusa do abajur lilás.

Eu me lembro de não pecar contra a castidade.

"

Eu me lembro de um momento de redenção. Aconteceu com Luis Buñuel, quando ele estava chegando aos setenta anos e perdeu o desejo sexual. Embora fosse ateu, deu graças a Deus por isso. Achava que finalmente estava livre para tratar as mulheres como seres humanos iguais a ele.

"

Eu me lembro de que as mães encontravam pílulas anticoncepcionais debaixo do colchão das filhas. E que acreditavam quando as filhas diziam que eram de uma amiga que tinha guardado lá.

"

Eu me lembro de *You must remember this*.

"

Eu me lembro de Roniquito, "O Bravo", com seu queixo ameaçador, batendo em

pessoas nos bares do Rio. De Manlio Marat,
impenetrável atrás de seus óculos, e que ele
tomou 1 milhão de chopes.
Me lembro também de Hugo Bidê,
que morava num apê pequenininho na
rua Jangadeiros, que virou personagem
dos quadrinhos de Jaguar e que disse:
"Intelectual não vai à praia. Intelectual bebe".
Me lembro de Cacaso, Paulo Leminski e
Ana Cristina Cesar, poetas.
Ana Cristina escreveu: "As mulheres e as
crianças são as primeiras que desistem de
afundar navios".
Leminski disse: "Você para a fim de ver
o que espera/ só uma nuvem te separa
das estrelas".
Cacaso foi ainda mais breve: "Exagerado
em matéria de ironia/ e em matéria de matéria/
moderado".

"

Eu me lembro de que achavam que viver era
o contrário de exprimir.

"

Eu me lembro de que a gente se vê uma hora.

Eu me lembro de que você não mudou nada.

> 99

Eu me lembro que a vida não é só isso que se vê, é um pouco mais.

> 99

Eu me lembro que Arnaldo Jabor exclamou, ao sair de uma sessão de *Cantando na chuva*: "É melhor que o *Encouraçado Potemkin*!".

> 99

Eu me lembro que na praça da República havia o Cine República, com 4500 lugares. Foi reformado para o relançamento de ... *E o vento levou* em 70 mm e som estéreo. Hoje é um estacionamento.

> 99

Eu me lembro de Paulo Perdigão. Doido por filmes e vagando por Buenos Aires, entrou no meio de um. Lauren Bacall, deitada num sofá, fazendo careta. Humphrey Bogart preparando um drinque, olha para ela e

pergunta: "Tienes dollor de cabeza?".
Perdigão saiu na hora.

"

Eu me lembro que na margem direita eram
Javari, Juruá, Purus, Madeira, Tapajós, Xingu...
E na esquerda Japurá, Negro, Trombetas,
Paru e Jari.

"

Eu me lembro de Murilo Mendes. Morava em
Juiz de Fora, a cidade dele e de Pedro Nava.
Murilo escreveu: "Pedro Nava vai se mudar
para Belo Horizonte. Parabéns, Belo Horizonte.
Parabéns, Pedro Nava. Parabéns, Juiz de Fora".

"

Eu me lembro de uma história, por falar
em mineiros. Dois deles andavam por uma
estrada, quando passou um elefante voando.
Continuaram andando e passou outro elefante
voando. Os dois mudos. Aí, passou um terceiro
elefante, e os dois resolveram sentar em cima
de uma pedra e fumar um cigarrinho. Um
deles observou: "É... o ninho deles deve ser
aqui perto".

Eu não me lembro mais de quem disse:
"A linguagem é uma fonte de mal-entendidos".

"

Eu me lembro que nada se perde, tudo
se transforma. Mas só na natureza.

"

Eu me lembro que quando começaram as
obras do aterro do Flamengo disseram que
aquilo devastaria a paisagem do Rio.

"

Eu me lembro que havia o morro do Castelo
e que, um dia, ele sumiu.

"

Eu me lembro que o túnel Rebouças, quando
foi aberto, tinha tráfego proibido para ônibus.

"

Eu me lembro do túnel velho. Era chamado de
"Mata Paulista" por causa daquele bonde na
contramão.

Eu me lembro que o marechal Humberto de
Alencar Castelo Branco nasceu em Mecejana,
no Ceará. E que o general Ernesto Geisel, não.

"

Eu me lembro que:
"Lá em casa tinha um bigorrilho
Bigorrilho fazia mingau
Bigorrilho foi quem me ensinou
A tirar o cavaco do pau".

"

Eu me lembro que as axilas das moças jamais
ostentavam pelos.

"

Eu me lembro do José Ramos Tinhorão,
o crítico que conseguiu brigar com quase
todo mundo na música brasileira... Quando
aquela líder feminista... Como é que ela se
chamava mesmo? — Betty Friedan — esteve
por aqui, trombou com ele na entrada do
elevador da redação. Tinhorão perguntou:
"Essa é a tal americana que quer liberar
as outras?".

Ao saber que era, Tinhorão disse: "Por mim, tá liberada".

"

Eu não me lembro de quem disse: "Eu me casei abaixo de mim. Todas as mulheres fazem isso".

"

Eu me lembro que Marta Rocha deixou de ganhar o concurso de Miss Universo por ter duas polegadas a mais nos quadris.

"

Eu me lembro que anatomia é destino.

"

Eu me lembro de uma manchete do *Planeta Diário*, tão boa que o jornal nem precisou publicar a reportagem anunciada. Dizia: "João Gilberto — o homem, o mito, o pentelho".

"

Eu me lembro de um concurso de manchetes imaginárias inventado por um diretor de

jornal. Choveram profecias anunciando o fim
da inflação, das guerras, da pobreza e até do
jejum da nossa seleção, que ganharia uma
copa. Mas a vencedora foi uma que poderia
finalmente devolver à Terra sua condição de
paraíso. Era assim: "Deus demite Satanás
e proíbe maus-tratos no inferno".

"

Eu me lembro que Cacareco, um rinoceronte,
teve 100 mil votos para vereador em São Paulo
em 1958. Anos depois, Pelé chutava: "Brasileiro
não sabe votar". Craque é craque.

"

Eu me lembro de Cauby Peixoto cantando
"Conceição", aquela que "vivia no morro
a sonhar com coisas que o morro não tem"
e que "tentando a subida desceu".

"

Eu me lembro de estrelas apagadas: Ângela
Maria, Dolores Duran, Emilinha Borba e
Marlene, Ester de Abreu, Juanita Castilho,
Lenita Bruno, Belinha Silva, Julie Joy, Francisco

Carlos (El Broto), Carlos Galhardo, Miltinho,
Jorge Goulart, Nora Ney, Inezita Barroso.
Cantavam em 78 rotações.

"

Eu me lembro de Carlos Lacerda.
Ele era chamado de "O Corvo"
pelos inimigos. Já os amigos o consideravam
mais como polemista, orador,
e principalmente democrata.
Basta olhar o que ele escreveu
no jornal dele, a *Tribuna da Imprensa*,
quando o ex-ditador Getúlio Vargas
tentava voltar à vida política:
"O senhor Getúlio Vargas, senador,
não deve ser candidato à Presidência.
Candidato, não deve ser eleito.
Eleito, não deve tomar posse.
Empossado, devemos recorrer à revolução
para impedi-lo de governar".

"

Eu me lembro que o candidato Getúlio foi,
de fato, eleito, empossado e derrubado.
Deu-se um tiro no peito. Mas deixou o troco:
"Ao ódio respondo com perdão.

E aos que pensam que me derrotaram
respondo com a minha vitória.
Era escravo do povo e hoje me liberto
para a vida eterna. Mas esse povo de
quem fui escravo não será mais escravo
de ninguém.
Eu vos dei minha vida. Agora vos ofereço
minha morte. Serenamente dou
o primeiro passo no caminho da eternidade
e saio da vida para entrar na história".

,,

Eu me lembro que os políticos de antigamente
sabiam escrever.

,,

Eu me lembro que nem tudo que reluz é ouro.
Nem tudo que balança cai.

,,

Eu me lembro do tempo em que chuchu dava
em cerca.

Eu me lembro que ou o Brasil acabava com a saúva ou a saúva acabava com o Brasil.

"

Eu me lembro que, de vez em quando, as máximas, os ditados e os provérbios são confirmados na vida prática. Por exemplo: "*The right man in the right place*".
No banheiro do antigo aeroporto do Galeão estava escrito: "O radioperador Arlindo ama o comandante Teles".

"

Eu me lembro que Lila e De Witt Wallace, os fundadores da revista *Seleções*, eram o tipo inesquecível um do outro.

"

Eu me lembro que Márcio Moreira Alves era o tipo inesquecível das Forças Armadas. Foi assim: Marcito, deputado federal, aconselhou as senhoritas brasileiras a não aceitarem cadetes como par em festas de formatura, em protesto contra a ditadura militar. A ditadura militar, deixada de molho nas cadeiras, acabou com o baile e fechou o Congresso.

Eu me lembro que era preciso matar a cobra e, como se não bastasse, mostrar o pau.

"

Eu me lembro de uma porção de dedos-duros.

"

Eu me lembro da frase "Minas está onde sempre esteve, e desta posição não arredará pé". José Maria Alkmin é tido como autor dessa frase, embora ela seja do também mineiro Otto Lara Resende. Alkmin, aliás, dizia que não importava o fato, mas a versão do fato. Outro mineiro, por sua vez, Gustavo Capanema, dizia que a frase era dele. Alkmin insistiu: "O Gustavo disse isso em particular, eu em público. Portanto, o que importa é a versão". Só quanto a Minas estar onde sempre esteve é que parecia não haver discussão.

"

Eu me lembro que o general Olímpio Mourão Filho, comandante das tropas mineiras em março de 1964, dizia ser "apenas uma vaca fardada". Essa versão, notem bem, era dele.

Eu me lembro do tempo em que havia carestia,
tubarões, e a vida estava pela hora da morte.

> ”

Eu me lembro de que o que abunda não falta.

> ”

Eu me lembro de que "Tudo mais vá pro
inferno, meu bem".

> ”

Eu me lembro de que "Tem dias que a gente se
sente como quem partiu ou morreu".

> ”

Eu me lembro de que aprendi que saudade
é uma palavra exclusiva da língua portuguesa.
Será mesmo? Será que outras línguas,
outros povos, não terão vivido sensações como
as destes versos?
"A saudade é o revés de um parto
A saudade é arrumar o quarto
Do filho que já morreu".
Será que essas coisas só acontecem conosco?

Eu me lembro de John Wayne.
Ele fez um filme, *O homem que matou o facínora*, no qual alguém dizia: "Quando a lenda interfere com a realidade, publique-se a lenda".

"

Eu me lembro que os pais deviam amar os filhos e os filhos respeitar os pais — e não o contrário.

"

Eu me lembro que no filme *La Guerre est finie* [A guerra acabou] Yves Montand dizia que "a paciência e a ironia são virtudes revolucionárias".

"

Eu me lembro da segurança que dá escrever a quatro mãos. Toda vez que a gente menciona um assunto íntimo, meio secreto, e a cara-metade pergunta "que história é essa?", dá sempre para responder: "Essa não é minha".

Eu me lembro que nem reparei que ela tinha
cortado o cabelo.

"

Eu me lembro do padre João Mohana, autor
do livro *A vida sexual dos solteiros e casados*.
Não, não me lembro dele. Lembro do livro,
que o colégio me obrigava a ler. Dizia:
"Conserve o pente no bolso, se quiser,
mas não se penteie a cada passo.
Coma à mesa pratos de que não goste.
Diga não de vez em quando a propostas boas.
Não corra para o telefone que toca".
Eu me lembro que o caminho do martírio
fazia parte do curriculum escolar.
Espero que hoje o padre João ore. *Pro nobis*.

"

Eu me lembro que Otávio Mangabeira,
deputado federal e líder da UDN na Câmara,
beijou a mão do presidente Dwight D.
Eisenhower, que visitava o Congresso brasileiro.

"

Eu me lembro da humilhação de um amigo que,

recém-chegado a Londres, foi pedir orientação a uma velhinha. Achou bom justificar o pedido dizendo que acabava de chegar do Brasil. A velhinha olhou-o com ar incrédulo e perguntou: "*You are coming from what?*".

”

Eu me lembro de contar meus pecados aos padres de rostos invisíveis, cobertos pela penumbra do confessionário de madeira com uma tela igual a estas que nos protegem contra insetos, separando o moral do imoral.

”

Eu me lembro da frase atribuída a De Gaulle: "O Brasil não é um país sério". E a de Carlos Heitor Cony: "Antes da frase de De Gaulle, todo brasileiro sério já sabia disso".

”

Eu me lembro que alguém disse, quando as luzes se apagaram no meio da noite: "Não é escuridão, é ignorância".

Eu me lembro que nos revistavam em toda parte. Às vezes, até no meio da rua. Que nos prendiam, que às vezes nos interrogavam. Que quase sempre nos soltavam, mas que às vezes torturavam e matavam. Só às vezes.

"

Eu me lembro de uns versos:
"Outros que contem
Passo por passo
Eu morro ontem
Nasço amanhã
Ando onde há espaço
Meu tempo é quando".

"

Eu me lembro de Marx. No *Manifesto do Partido Comunista* de 1848, ele afirma que na sociedade burguesa o passado domina o presente.

"

Eu me lembro que nem os vermes escapam disso. Aqueles bichinhos brancos que mordiam nossas pernas nas praias, apelidados de "sua mãe", hoje estão extintos. Mas quando vivos e confinados num aquário, eles continuavam fazendo, durante algum tempo, inúteis movimentos de enfiar-se numa areia imaginária. E os cientistas chamavam isso de "tirania da persistência do passado".

"

Eu me lembro de Freud. Nos anos 1920, ao publicar seus primeiros estudos sobre a memória, ele ressaltou a necessidade incontrolável do ser humano de lembrar seus momentos felizes.

"

Eu não me lembro de quem disse que nada traz de volta tão bem os bons velhos tempos quanto uma memória fraca.

"

É que eu não me lembro de quem matou Salomão Ayala nem de quem disse que a memória é uma tirania da qual devemos nos libertar.

Mas eu me lembro que Jean Renoir, o cineasta de *A grande ilusão*, dizia que só valeram a pena ser vividas aquelas coisas das quais podemos nos lembrar.

"

Eu me lembro de: *"Yesterday/ all my troubles seemed so far away..."*.

"

Eu me lembro de uns versos:
"Ganhei (perdi) meu dia
e baixa a coisa fria
também chamada noite, e o frio ao frio
em bruma se entrelaça num suspiro
e me pergunto e me respiro
na fuga deste dia que era mil".

"

Eu me lembro que Proust disse que a recordação nos faz respirar de repente um ar novo, precisamente por ser um ar outrora respirado. Que os verdadeiros paraísos são os que já perdemos.

Eu me lembro de:
"*Finis opera*
Trieste — Paris — Zurique, 1914–1921".

Copyright © 1993 by Geraldo Mayrink e
Fernando Moreira Salles

Grafia atualizada segundo o Acordo Ortográfico da Língua Portuguesa de 1990, que entrou em vigor no Brasil em 2009.

Capa e projeto gráfico
Kiko Farkas e Bruno Sica / Máquina Estúdio
Concepção original das aspas
Marisa Moreira Salles e Letícia Dias de Moura
Imagem da capa
Kiko Farkas
Imagem da quarta capa
Carla Caffé
Preparação
Ciça Caropreso
Revisão
Angela das Neves
Márcia Moura

[2019]
Todos os direitos desta edição reservados à
EDITORA SCHWARCZ S.A.
Rua Bandeira Paulista, 702, cj. 32
04532-002 — São Paulo — SP
Telefone: (11) 3707-3500

www.companhiadasletras.com.br
www.blogdacompanhia.com.br
facebook.com/companhiadasletras
instagram.com/companhiadasletras
twitter.com/cialetras

Dados Internacionais de Catalogação na Publicação (CIP)
(Câmara Brasileira do Livro, SP, Brasil)
—
Mayrink, Geraldo, 1942-2009.
Memorando / Geraldo Mayrink, Fernando Moreira Salles.
— 2ª ed. — São Paulo : Companhia das Letras, 2019.

ISBN 978-85-359-3235-5

1. Literatura brasileira — Coletâneas 2. Memórias
3. Narrativas pessoais I. Salles, Fernando Moreira. II. Título.

19-26236   CDD-869.803
—
Índice para catálogo sistemático:
1. Memórias : Literatura brasileira   869.803
Maria Alice Ferreira — Bibliotecária — CRB-8/7964

Esta obra foi composta em Poynter Oldstyle Text
pela Máquina Estúdio e impressa pela Geográfica
em ofsete sobre papel Pólen Bold da Suzano Papel
e Celulose para a Editora Schwarcz em maio de 2019

A marca FSC® é a garantia de que a madeira utilizada na fabricação
do papel deste livro provém de florestas que foram gerenciadas de
maneira ambientalmente correta, socialmente justa e economicamente viável, além de outras fontes de origem controlada.